漫画民法典

了解我们的权利

张宁◎编著

内蒙古人民出版社

图书在版编目（CIP）数据

漫画民法典 . 了解我们的权利 / 张宁编著 . -- 呼和浩特 : 内蒙古人民出版社 , 2025. 6. -- ISBN 978-7-204-18402-6

Ⅰ . D923.04

中国国家版本馆 CIP 数据核字第 202564L6F4 号

漫画民法典·了解我们的权利
MANHUA MINFADIAN LIAOJIE WOMEN DE QUANLI

作　　者	张　宁
策划编辑	王　静
责任编辑	蔺小英
封面设计	琥珀视觉
出版发行	内蒙古人民出版社
地　　址	呼和浩特市新城区中山东路 8 号波士名人国际 B 座 5 楼
网　　址	http://www.impph.cn
印　　刷	内蒙古爱信达教育印务有限责任公司
开　　本	640mm×910mm　1/16
印　　张	5
字　　数	70 千
版　　次	2025 年 6 月第 1 版
印　　次	2025 年 6 月第 1 次印刷
书　　号	ISBN 978-7-204-18402-6
定　　价	32.00 元

如发现印装质量问题，请与我社联系。

联系电话：（0471）3946120

前言 | Preface

　　《中华人民共和国民法典》（简称《民法典》）于 2020 年 5 月 28 日第十三届全国人民代表大会第三次会议通过，自 2021 年 1 月 1 日起正式施行。《民法典》是中国法律体系的重要组成部分，是我国"社会生活的百科全书"，也是"新时代人民权利的宣言书"。

　　《民法典》包括总则、物权、合同、人格权、婚姻家庭、继承、侵权责任七编内容以及附则，全面覆盖了我国人民生产生活的各个方面，具有十分广泛的法律意义。对于广大青少年读者而言，了解《民法典》，不仅能够丰富法律知识，增强法律意识，还有助于提高学法遵法守法用法的自觉性，从而学会运用法律武器维护自己的合法权益，并依法履行自己的法律义务。

　　鉴于此，我们根据青少年读者的阅读需求和成长特点，以《民法典》为依据，编写了这套"漫画民法典"丛书。丛书精选与青少年生活紧密相关的法律知识，采用层层递进的方式，深入剖析青少年日常生活中可能遇到的各类法律问题，并通过"以案说法"的形式向他们普及法律基础知识。

为了提升图书的可读性和趣味性，我们精心设计了多个阅读版块，如"案例再现""法理分析""民法链接""举一反三""律师答疑""法律贴士"等。此外，书中还配有大量生动的漫画插图，以期通过图文并茂的形式，帮助青少年读者更直观地理解法律概念和知识，让阅读更加轻松愉快。

我们期望，通过阅读这套丛书，每位青少年读者都能学到丰富的法律知识，学会运用法律武器维护自己的权益，明白履行法律义务的重要性，成为知法、懂法、守法的新时代好少年。

目录 | Contents

篇 首 语

　　作为我国社会生活的百科全书，《民法典》中有很多和孩子有关的法律知识，尤其是对孩子们享有的法律权利进行了明确阐述，如姓名权、肖像权、隐私权等，同时规定父母应依法履行对子女的抚养义务等。这些法律条文不仅明确了我国少年儿童依法享有的权利，还在一定程度上为他们享有权利提供了法律保障。

我们的出生日期是如何确定的?

案例再现

　　小明从幼儿园升到了小学,和小丽成为朋友。小丽问小明:"你的生日是哪天呀?"每次过生日,都是父母给自己过,小明不知道自己的生日是哪一天。于是他说:"我忘记了,明天告诉你吧。"小明回到家,妈妈问他:"今天在学校怎么样?"小明说:"我今天认识了新朋友,她问我生日是哪天,我忘记了。妈妈,我生日是哪天呀?"对于这个问题,小明的爸妈都进行了回答,却说出了不一样的日期。随后,他们对小明生日到底是哪天展开了讨论……

法理分析

　　自然人出生时间的界定要严格遵照《中华人民共和

国民法典》第十五条的规定，以出生证明上记录的时间为准。只有一种情况例外，那就是缺失出生证明的，按照上户口的时间来界定。相比居民户口簿，出生证明的可靠性更高，因为它是由妇产科医生出具的证明，具有很强的专业性，不容置疑。而居民户口簿则有可能出现差错，工作人员也许会因失误写错日期，家人也许会记错时间，给工作人员提供错误的信息。比如小明是6月18日出生的，那么从这一刻开始，他就享有民事权利，即享有自然人所享有的各种民事权利。在计算年龄时，也要完全参照出生时间。在《中华人民共和国民法典》中，出生时间具有非凡的意义。

 **民法链接**

《中华人民共和国民法典》第十三条规定：自然人从出生时起到死亡时止，具有民事权利能力，依法享有民事权利，承担民事义务。

《中华人民共和国民法典》第十五条规定：自然人的出生时间和死亡时间，以出生证明、死亡证明记载的时间为准；没有出生证明、死亡证明的，以户籍登记或者其他有效身份登记记载的时间为准。有其他证据足以推翻以上记载时间的，以该证据证明的时间为准。

举一反三

今天，小明和小帅一起放学回家。小帅对小明说："哥哥，今天是你的生日吧？这是我给你画的贺卡，希望你喜欢。"小明说："谢谢弟弟，我很喜欢，你画的贺卡真好看。"

小帅问小明："哥哥，为什么我们每年都过两次生日呀？我们班同学都过一次。"小明说："你的问题我也搞不清楚，不如我们回家问问爸爸妈妈吧！"

回到家里，爸爸妈妈早已准备好丰盛的晚餐和蛋糕等着小明和小帅。小明和小帅走进房间，妈妈笑着说："生日快乐啊，小寿星。"爸爸拿出准备好的机器人模型送给小明。小明笑着接过模型说："谢谢爸爸妈妈给我准备晚餐和生日礼物，还有弟弟给我送了贺卡，今天真是令人开心的一天。"

与爸爸妈妈和弟弟一起愉快地吃完晚餐后，小明问爸爸："爸爸，为什么我和弟弟每年要过两次生日呀？我们班好多同学每年只过一次生日。"爸爸看着小明，笑着说："你

们过两个生日，一个是阴历生日，一个是阳历生日。"小明问："什么是阴历和阳历呀？那我的出生日期到底是哪天呢？"

爸爸说："阳历是根据地球围绕太阳公转的运动周期制定的，阴历是以月亮围绕地球转动的规律制定的。你的阳历生日就是你的出生日期，但是按照传统，很多人选择过阴历生日。咱们家是两个生日都过。这个要看个人的想法，有些人选择过阴历生日，有些人则选择过阳历生日。你的

出生日期以医院给你开的出生证明为准。医院具有很高的可信度，而且我们的年龄也是以医院开的出生证明为准。我们的出生时间在《中华人民共和国民法典》中非常重要。从出生到死亡，我们享有民事权利，并且有承担民事责任的义务。小明一定要做一个守法的好公民啊。"

小明说："好的，爸爸，我知道了。我的出生日期就是以医院开的出生证明为准，我以后一定会依法行使公民权利，自觉履行公民义务，做一个守法的好公民，报效国家。"

律师答疑

1. 公民出生时间的认定要遵循什么样的顺位？

自然人出生时间的认定要遵循如下顺位：一是以出生证明记载的时间为准，出生证明出自医疗机构，具有权威性；二是如果第一顺位的证明缺失，就要参照公安机关所登记的户口信息或其他有效身份证件（身份证、居住证等）上所记载的信息。通常情况下，以上两个顺位就足以准确地认定一个人的出生时间。当然也会有例外，如果有其他证据可以证明上述两个顺位提供的信息不真实，其他证据就会得到采信。

2. 出生日期填错了，可以更改吗？

如果出生日期填错了，是可以更改的。只是在更改时，需要提供相关证明材料。具体要提供的材料如下：一是申请人要提出书面申请，二是申请人要提供户口簿和居民身份证，三是申请人要提供出生日期确实填报错误的原始凭据（出生证明原件、记录原始出生日期的户口簿、户口底册等），四是申请人所在村（居）民委员会开具的书面证明材料。如果申请人工作单位固定，那么还要向单位提出申请，由单位开具书面证明材料；假如申请人还在上学，那么就要向学校提出申请，由学校出具书面证明材料。

 **法律贴士**

哪些资料可以证明公民的出生日期？

出生证明

出生证明是由医院开具的书面材料，具有很强的公信力，且一直有效。婴儿在登记户口簿信息时，可以以此为依据。出生证明准确记录了婴儿什么时候出生的、在哪里出生的、性别、体重、血型等信息。

户籍登记证明

户籍登记证明上会显示自然人的出生时间、籍贯等信息。公安机关在登记户口时，会将这些内容记录在案。

其他证明信息

医院的病历、申请社

会保障登记的信息，也可以作为证明自然人出生时间的证据。

其他推定证据

其他可以推翻上述登记证明的证据，可以作为推定认可的依据。

小朋友，你知道自己的阳历生日和阴历生日分别是哪天吗？不知道的话，快去问问父母吧！

_____

_____

乐乐的生日

这天，乐乐像往常一样和朋友小明玩耍……

可以自创姓氏或者更改自己的名字吗?

案例再现

　　小刚看电视正看得津津有味，这时爸爸走了过来，对他说："儿子，你在看什么呢？"小刚说："爸爸，我在看奥特曼。我要当奥特曼，改名叫杰克奥特曼。我也要保护地球，为了地球的和平而战！"爸爸说："你想保护地球的想法是好的，但是你不可以改名字哦。"爸爸的话让小刚感到疑惑……

法理分析

　　《中华人民共和国民法典》规定，每个自然人都享有姓名权，这是一种人格权，包括依法决定、使用、变更自己的姓名，许可他人使用自己的姓名等权利。姓氏看上去平平无奇，其实包

含不少信息，像亲缘关系、民族等。在我国，姓氏具有一定的身份属性，会体现一个人的血缘关系、伦理秩序等。然而，随着社会发展日趋多元化，公民在决定姓名时，也会呈现出多元化的趋势。根据《民法典》的规定，孩子不能只从个人意愿出发，而应该跟父亲姓，或者跟母亲姓。如果姓氏的创设太过于随便，可能会严重影响文化传统和伦理观念，有违社会公序良俗，给整个社会秩序的管控带来不利影响。因此，在上面的案例中，小刚不可以改名为杰克奥特曼。

民法链接

　　《中华人民共和国民法典》第一千零一十二条规定：自然人享有姓名权，有权依法决定、使用、变更或者许可他人使用自己的姓名，但是不得违背公序良俗。

　　《中华人民共和国民法典》第一千零一十五条规定，自然人应当随父姓或者母姓，但是有下列情形之一的，可以在父姓和母姓之外选取姓氏：（一）选取其他直系长辈血亲的姓氏；（二）因由法定扶养人以外的人扶养而选取扶养人姓氏；（三）有不违背公序良俗的其他正当理由。少数民族自然人的姓氏可以遵从本民族的文化传统和风俗习惯。

小月上网发现别人的名字都很好听，想了想自己的名字，觉得没有特点，于是想给自己换一个名字。

她先是给自己起了网名，叫"离月之雪"，觉得很不错，便对爸爸妈妈说："爸爸妈妈，我不想叫小月了，我要叫离月之雪，多有特色的名字，和别人都不一样。"爸爸妈妈说："不可以的，小月，你不可以自己改名字。"小月说："不，我就要改名字，我要叫离月之雪！"

这时候，小月的姐姐晓晓回来了。看到爸爸妈妈和小月在争执，晓晓问道："怎么了爸爸妈妈，发生了什么事情？"

妈妈说："小月这孩子要自己改名字，我们在劝她不要改。"小月说："为什么不可以自己改名字，我觉得离月之雪好听，我想叫离月之雪。"晓晓说："改名字要去警察局，我们去问警察叔叔，好不好？"小月立马答应："好，爸爸妈

妈，我们去找警察叔叔问问可不可以改名字吧。"于是小月和父母去警察局咨询。

见到警察后，小月说："叔叔，我想改名字，我要叫离月之雪。"警察说："小朋友，这样是不可以的哦。根据《中华人民共和国民法典》的规定，孩子的姓氏应该随父亲或者母亲。别看只是一个姓氏，这里面的学问可大着呢！"小月问："叔叔，这里面有什么学问呢？"

警察说："中华文化博大精深，姓氏里面蕴含着血缘关系与文化传统。你想想，如果叫离月之雪，万一你哪天走丢了，谁知道你是哪家的孩子，对不对？而且你仔细想想，如果所有人都随便改名字，社会秩序是不是就乱了？你要当一个遵纪守法，不破坏社会风气的乖孩子哦。"

小月点点头说："我懂了，警察叔叔，我以后一定会做一个遵纪守法的乖孩子。"

律师答疑

1. 姓名权主要包括哪些权利？

（1）姓名决定权，即命名权，也就是自然人有权决定使用什么姓、什么名，以及怎么组合。自然人在出生后，其命名权的行使人是户主、亲属或抚养者，可是其具备完全民事行为能力后，可以行使姓名变更权。

（2）姓名变更权，指自然人有权利变更自己的姓或名。只要在法律允许的范围内，不超出道德的范畴，都没有问题，只是需要办理相关手续。

（3）姓名使用权，指自然人有权利使用自己的姓名，分为积极行使和消极行使两部分。在特殊场合使用自己的姓名，以和其他成员区分开来，就属于前一种；而不在作品上署名，则属于后一种。当然也有一些限制性规定，比如在身份证、护照上不得使用非正式姓名。如果他人冒用你的姓名，则侵害了你的姓名权，你可以要求对方停止侵害、消除影响、赔偿损失等。

2. 哪些行为属于侵害姓名权？

（1）对于他人决定、使用、更改自己的姓名加以阻拦。

（2）盗用他人的姓名。未经他人许可，擅自打着他人的旗号进行某种活动，以提高自身身价或谋取非法利益。

（3）冒用他人姓名。使用他人的姓名进行某种活动，以实现不可告人的目的。盗用和冒用姓名的不同点在于：盗用是指以他人的姓名进行民事活动；冒用则不仅是冒用他人的姓名，还包括故意利用自己的姓名与被侵害人姓名相同或相近的特点，冒充他人进行民事活动。

法律贴士

侵犯姓名权的民事救济方式有哪些?

对于不同的侵权方式以及所造成的不同后果,可采取的民事救济方式也是不同的。

1. 停止侵害。受害人可以要求侵害人马上停止正在进行的侵害,也可以向人民法院提起民事诉讼。

2. 赔礼道歉。如果侵害人冒用、盗用他人的姓名,给受害人造成了伤害,那么侵害人就要以书面或口头的方式向受害人致歉。

3. 消除影响。在多大范围内造成了影响，就要在多大范围内消除影响。

4. 返还财产。侵害人盗用、假冒他人姓名而占有了受害人的财产，受害人有权要求侵害人返还财产。

5. 赔偿损失。对于物质上的损失，赔偿数额应当和损失数额相对应；受害人还可以就精神损害提出赔偿请求。

小朋友，你还知道哪些关于姓名权的知识呢？快开动脑筋想一想吧！

_____

_____

乐乐的武侠梦

乐乐看电视里的大侠很帅，于是也想当大侠……

爸爸，我不想叫乐乐了，您帮我把名字改成"助人大侠"吧！

你怎么突然想起改名字了？

因为当大侠可以惩恶扬善，我也要像大侠一样。

叫乐乐也可以像大侠一样助人为乐呀。

而且名字在我们日常生活中有很多用处，不仅仅是一个称呼。

原来是这样呀，那我还是叫乐乐好了。

压岁钱可以自己管理吗?

案例再现

正月初一这天，小明和爸爸妈妈去爷爷奶奶家拜年。爷爷高兴地摸了摸小明的头，说："一年不见，小明都长这么大了。"随后拿出一个红包递给小明。小明接过红包说："谢谢爷爷奶奶，祝爷爷奶奶新年快乐。"小明看着红包，对父母说："爸爸妈妈，我今年可以自己管理压岁钱吗？"他本以为父母不会同意，没想到他们笑着同意了。

法理分析

从法律的角度来说，爷爷奶奶给未成年人压岁钱是一种赠与行为，压岁钱所有权属于未成年人，这是受到法律保护的。可是，鉴于未成年人的身

心还处于发展阶段，缺乏妥善管理大额财产的能力，依据《中华人民共和国民法典》第二十条，不满八周岁的未成年人为无民事行为能力人，由其法定代理人代理实施民事法律行为。依据《中华人民共和国民法典》，压岁钱属于赠与合同的范畴，所有权归孩子所有，父母没有权利将其装到自己的口袋里。父母可以在征得孩子同意的情况下，采取合理的方式，帮助孩子保管压岁钱。父母只有保管权，没有使用权，压岁钱的使用要充分尊重孩子的意愿。从培养孩子品德的角度出发，为了让孩子更有爱心和奉献精神，在征得孩子同意的情况下，父母可以将这笔财产捐出去。

 **民法链接**

　　《中华人民共和国民法典》第三十五条规定：监护人应当按照最有利于被监护人的原则履行监护职责。监护人除为维护被监护人利益外，不得处分被监护人的财产。未成年人的监护人履行监护职责，在作出与被监护人利益有关的决定时，应当根据被监护人的年龄和智力状况，尊重被监护人的真实意愿。成年人的监护人履行监护职责，应当最大程度地尊重被监护人的真实意愿，保障并协助被监护人实施与其智力、精神健康状况相适应的民事法律行为。对被监护人有能力独立处理的事务，监护人不得干涉。

举一反三

每逢过年，小美就会收到许多压岁钱。每年的压岁钱，她都会交给父母。随着时间的推移，小美慢慢长大，这天她看着压岁钱，说："爸爸妈妈，我可以管理自己的压岁钱吗？"

妈妈说："不可以哦，小美，你现在还小，你的压岁钱由妈妈暂时帮你保管，省得你乱花钱。"小美失落地说："那好吧。"

班主任发现小美最近上课总是心不在焉的，于是问她："小美，你怎么了？你最近上课经常走神，是有什么事情吗？"

小美说："老师，我在想，压岁钱可不可以自己保管。我问了爸爸妈妈，他们没同意，所以我有些难过。不好意思，老师。"

老师说："原来是这样，没关系，老师和你的父母沟通一下，看看能不能解决问题。"放学后，老师和小美一起

回到小美家。小美介绍道:"爸爸妈妈,这是我的班主任老师,她来我们家里做客。"

小美妈妈说:"老师好,我们家孩子平时没少给您添麻烦。"

老师说:"小美这个孩子平时很听话,是个很好的孩子,我就是看她最近有些心不在焉,问了问原因,然后来和你们沟通一下。"

小美爸爸说:"这孩子真是不让人省心。老师,您要跟我们沟通什么呢?"

老师说:"孩子现在长大了,压岁钱是可以自己保管的。"

小美妈妈说:"老师,我们帮小美管理压岁钱,是担心她乱花。"

老师笑着说:"是这样的,孩子在八岁以后,是可以自己管理压岁钱的。根据《中华人民共和国民法典》规定,爷爷奶奶等长辈给孩子的压岁钱,在法律上属于赠与,这些都受到法律的保护。孩子八岁之前的压岁钱,可以由父母等监护人代理保管,但是八岁之后可以由孩子自己保管。当然为了保证孩子的健康成长,父母也可以合理合法地帮助孩子管理,前提是孩子自己同意。所以,孩子是享有压岁钱的所有权的。"

小美妈妈点点头说:"好的老师,我们明白了,我们会尊重小美的意愿。"

小美最终得到了压岁钱的保管权,她非常高兴,对爸爸妈妈说："爸爸妈妈，我一定会好好管理自己的压岁钱，保证不乱花。"

 律师答疑

1. 压岁钱属于什么性质？

  春节长辈给压岁钱是一种民俗，在法律上具有赠与的性质。赠与是指赠与人不计任何代价，将自己的财产交给受赠人，受赠人欣然接受的一种行为。从本质上来说，这就是在转让财产所有权。《民法典》对这一行为进行了明确规定，赠与合同是一种实践性合同，只要孩子接受了压岁钱，赠与合同便达成了。在交付前，赠与人如果想要撤销，是完全没问题的，可是一旦交付，便不能撤销了。长

辈们只要将压岁钱给了孩子，而孩子也已经接受，那么这种赠与行为就不能撤销了。

2. 多大年龄的孩子可以独立保管压岁钱？

《民法典》明确规定，未满八周岁的未成年人属于无民事行为能力人，其民事法律行为由其法定代理人代为实施。因此，未满八周岁的孩子不能独立保管压岁钱，应由其法定代理人代为保管。八周岁以上的未成年人虽然是限制民事行为能力人，但是对于压岁钱这种纯获利的民事法律行为，是可以独立实施的。因此，八周岁以上的未成年人可以独立保管压岁钱。

3. 父母可以自由支配孩子的压岁钱吗？

家长作为无民事行为能力人或限制民事行为能力人的监护人，可以帮孩子保管压岁钱，但是并不享有压岁钱的所有权。压岁钱是归孩子所有的。家长在使用孩子的压岁钱时，要秉承的一个原则是"对被监护人最有利"，必须以孩子的利益为先。像用压岁钱给孩子买保险、给孩子买心仪已久的兴趣课程等，这些都是可以的。总之不能让孩子的利益受到损害。

 法律贴士

如何合理使用压岁钱？

1. 在使用压岁钱以前，要先制定一个明确的计划，要想想具体用在哪些地方、使用是否合理等。

2. 学会储蓄自己的压岁钱，就此可以了解相关的理财知识。

3. 可以请家长给自己开通专属账户，然后把钱存进去，充分感受理财的快乐。

4. 压岁钱要花在有意义的地方，比如同学过生日、父母过生日等，买礼物的钱可以从压岁钱里面出。

5. 和父母一起出去采购时，可以用自己的压岁钱支付一部分。

6. 在家庭生活中出一份力，可以用于交纳水电费、燃气费等。

7. 可以用压岁钱参与公益捐赠活动。

小朋友，你的压岁钱都用来做什么了？跟爸爸妈妈说一说吧！

_____

_____

乐乐的压岁钱

新年到，乐乐收到许多压岁钱……

被盗用照片，我该如何维权？

案例再现

　　这天妈妈和小花在小区里玩耍时，与隔壁小区的老张产生纠纷。随后，老张将偷偷录下的视频发到了网上，给小花和妈妈带来了很大困扰。小花感到很气愤，妈妈对她说："小花别急，法律会制裁他的，他侵犯了我们的肖像权。"

　　由于老张未经允许私自录制视频并发到网上，给小花和小花的家人造成了负面影响，最终法院判决，老张给小花妈妈和小花赔礼道歉并就其精神损害进行赔偿。

法理分析

　　随着互联网的发展，邻里之间的矛盾也逐渐蔓延到网络，出现了很多网络侵权案件，甚至是网络暴力事件。特别是有些案件还涉及公开未成年人肖像和个人信

息。按照法律规定，不得随意在网络上公开传播未成年人的肖像。未成年人的身心还没有发育成熟，不能让负面信息影响他们，更不能伤害未成年人。社会各界要承担起守护未成年人的责任，加大对侵害未成年人权益行为的惩处力度，让未成年人在阳光下健康成长。

假如未成年人发现自己的民事权益受到侵害，可以向人民法院提起诉讼，以维护自己的合法权益。如果年龄还小，不能以个人名义提起诉讼，应由其法定代理人（父亲、母亲等）协助提起诉讼，受到侵害的未成年人本人应该是原告。

民法链接

《中华人民共和国民法典》第一千零一十八条规定：自然人享有肖像权，有权依法制作、使用、公开或者许可他人使用自己的肖像。肖像是通过影像、雕塑、绘画等方式在一定载体上所反映的特定自然人可以被识别的外部形象。

《中华人民共和国民法典》第一千零一十九条规定：任何组织或者个人不得以丑化、污损，或者利用信息技术手段伪造等方式侵害他人的肖像权。未经肖像权人同意，不得制作、使用、公开肖像权人的肖像，但是法律另有规定的除外。未经肖像权人同意，肖像作品权利人不得以发表、复制、发行、出租、展览等方式使用或者公开肖像权人的肖像。

举一反三

　　小芳和朋友在网上看到写真店可以制作精美的写真集，打听到地址后便一起去店里拍摄。很快两人就拍好了精美的照片，并且与店家约定好 15 日之内销毁底片。几天后小芳在回家路上惊讶地发现，店家不仅没有把她们拍摄的底片销毁，还把她们的照片贴出来展示。于是小芳去找店家理论。

　　小芳："当初咱们不是约定好了 15 日之内销毁底片吗？你为什么没有销毁，还把我们的照片贴到店里的玻璃墙上进行展示？"

　　店家说："我太忙了，忘了约定，现在你想怎么处理呢？"

　　小芳说："我要求销毁照片并对我进行相应的赔偿。"

　　店家强硬地说："大不了照片我不用了，马上让人把它们撕下来。你又没有经济损失，凭什么要我对你进行赔偿？"

　　随后，小芳在店家的驱赶下，离开了写真店。回到家后，她感到非常气愤，就咨询了爸爸的律师朋友王叔叔。

　　小芳问："王叔叔，我们之前和店家说好要销毁底片，

但是店家不仅没销毁，还把我们的照片贴到店里展示，我该如何维护自己的权益呢？"

王叔叔说："店家未经本人同意，将照片用于店铺宣传，以达到营利的目的，你是可以要求赔偿的。他们的行为在法律上侵犯了你的肖像权，我们要大胆合理地通过法律途径维护自己的权益。"

小芳问："那我应该怎样维权呢？"

王叔叔说："你可以要求对方立即停止对你的侵权行为，向你赔礼道歉并进行经济赔偿。"

小芳说："好的，我明白了。我一定会维护自己的合法权益。谢谢你，王叔叔。"

王叔叔说："不用谢，我们公民就是应该保护好自己的合法权益，不让那些坏人有可乘之机。法律是正义的，是我们坚实的后盾，我们要勇敢地拿起法律武器，去维护自己的权益。"

最终在王叔叔的帮助下，小芳成功维权。

律师答疑

1. 肖像权包括哪些内容?

（1）肖像制作专有权

一是肖像权人有权决定制作肖像，他人不应该干涉。

二是如果肖像权人发现他人未经自己同意，制作自己的肖像，肖像权人有权要求停止侵权行为。对于摄影的人而言，在未得到肖像权人同意的情况下拍摄其影像，并用于商业广告、产品包装等营利性活动，构成侵权。

（2）肖像使用专有权

一是在法律允许的范围内，自然人可以不限方式地使用自己的肖像，自然人有权通过自己的肖像获取经济利益或得到精神满足，他人不得干涉。

二是他人如果想要使用自然人的肖像，要得到本人的允许。自然人作为肖像权的所有者，完全有权利根据使用情况、自身意愿等来决定是否要从肖像权被使用过程中获取收益。

三是自然人对自己的肖像权拥有排他性权利，有权制止他人不正当使用自己的肖像。

（3）肖像利益维护权

一是制作肖像需要征得肖像权人同意，否则构成侵权。

二是使用肖像需要征得肖像权人同意，否则构成侵权。

三是不得随意涂抹、损坏他人的肖像，这种行为可能会造成物质和精神上的双重损害。

2. 侵犯肖像权在什么情况下成立？

（1）不正当使用他人肖像

一是作为营利性质使用，且未得到本人许可。

二是即使不是为了营利，只要未经本人许可，或者尽管本人同意了，如果后续的使用方式超出授权范围或带有不正当性，同样构成侵权。

（2）丑化、污损他人肖像

这种行为会对肖像权人的个人形象和声誉造成严重损害。

（3）随意制作他人的肖像

未得到肖像权人许可，不得随意制作他人的肖像。

 法律贴士

哪些情况不属于侵犯肖像权？

1. 出于社会公共利益考虑使用他人肖像的行为，比如发布犯罪嫌疑人的照片等，其目的是尽快将犯罪嫌疑人缉拿归案，防止其继续危害社会。

2.出于肖像权人利益考虑使用其肖像的行为，比如发布寻人启事并附上走失者照片等行为。

3.为实施新闻报道使用他人肖像的行为，比如服务于新闻报道的记者是可以给他人拍照并在新闻报道中进行使用的。

4.政界、影视界及其他领域公众人物参与公共活动，是允许他人拍照的，但要秉持客观公正的原则进行使用。

小朋友，你知道如何保护自己的肖像权吗？快开动脑筋想一想吧！

_____

_____

肖像维权

妈妈带乐乐逛街，接到一家照相馆的宣传单……

如果日记被偷看，该如何是好？

案例再现

　　娜娜十四岁了，正值青春期。最近，她变得不爱与爸爸妈妈交流了，爸爸妈妈对此非常担心。有一天，娜娜突然发现爸爸妈妈偷偷地看了自己的日记。她很生气，和爸爸妈妈吵了一架。第二天，她把这件事情告诉了自己的老师。老师听完娜娜的叙述，决定到娜娜家进行家访，帮助娜娜和爸爸妈妈解除误会，同时告诉娜娜的爸爸妈妈如何在合理的范围内关心孩子。

法理分析

　　不管是成年子女，还是未成年子女，作为公民，都享有隐私权。如果没有得到法律的允许，是不能侵犯其隐私权的。法律确实赋予父母管教子女的权利，目的是引导子女健康成长，但父母在行使这项权利时，要采取恰当的方式，不能偷看孩子的日记。至于这种行为有没有造成侵权，则要看违法行为是否造成了严重后果，且违法行为人是否有主观过错。所以，假如父母偷看未成年子女的日记主观上是善意的，是为了关心未成年人的成长，那么这种行为就不算侵权。可是偷看未成年子女日记的做法毕竟是不合理的，他们知道后，会产生强烈的抵触情绪，所以建议父母选择更恰当的方式来关心未成年子女的成长。

 **民法链接**

《中华人民共和国民法典》第一千零三十二条规定：自然人享有隐私权。任何组织或者个人不得以刺探、侵扰、泄露、公开等方式侵害他人的隐私权。隐私是自然人的私人生活安宁和不愿为他人知晓的私密空间、私密活动、私密信息。

《中华人民共和国民法典》第一千零三十三条规定，除法律另有规定或者权利人明确同意外，任何组织或者个人不得实施下列行为：（一）以电话、短信、即时通讯工具、电子邮件、传单等方式侵扰他人的私人生活安宁；（二）进入、拍摄、窥视他人的住宅、宾馆房间等私密空间；（三）拍摄、窥视、窃听、公开他人的私密活动；（四）拍摄、窥视他人身体的私密部位；（五）处理他人的私密信息；（六）以其他方式侵害他人的隐私权。

 举一反三

　　某天，琪琪回到家，发现爸爸妈妈正在看自己的日记。她非常生气，和爸爸妈妈大吵了一架。

　　第二天，琪琪和老师说了这件事，老师决定去琪琪的家里，帮助琪琪解决这个问题。

　　来到琪琪家，老师问道："琪琪家长，我听琪琪说，你们没经过琪琪的同意就看了她的日记，是吗？"

　　琪琪爸爸摸了摸脑袋，不好意思地说："我们感觉琪琪最近有心事，想通过她的日记了解一下。"

　　琪琪妈妈皱着眉点了点头，说："琪琪最近不知道是怎么了，什么都不和我们说，我们出于担心才看了她的日记。"

　　看到爸爸妈妈还是没意识到偷看日记这件事不对，琪琪生气地说："你们想知道的话可以问我啊，为什么非要看我的日记？"

　　老师在一旁说道："琪琪家长，小孩子也是有个人隐私的，尤其是像琪琪这么大的孩子，有自己的秘密很正常。我

们应该通过多和孩子沟通去了解孩子的情况，而不是偷看孩子的日记。"

听了老师的话，琪琪的爸爸妈妈思考了很久，觉得非常有道理，也明白了自己偷看日记的行为是不对的。

爸爸妈妈看向琪琪，说："琪琪，爸爸妈妈不该偷看你的日记，爸爸妈妈真诚地向你道歉。"

听到爸爸妈妈道歉，琪琪也不再生气了，原谅了他们。

"琪琪，虽然偷看你的日记是爸爸妈妈不对，但这也是因为爸爸妈妈担心你呀，所以琪琪也不应该因为这件事和父母吵架，对吗？"老师看向琪琪说道。

琪琪认真地思考了一会儿，说道："老师您说得对，我不应该和爸爸妈妈吵架。爸爸妈妈，对不起。"

妈妈走到琪琪的身边，摸了摸琪琪的头，笑着说没关系，爸爸在一边欣慰地看着琪琪。

老师说："琪琪，以后你的烦恼或心事也可以试着和父母说说，父母是最爱你的人，如果你把不开心的事都闷在心里，他们会担心的，知道吗?"

"我知道了，我以后会多和爸爸妈妈谈心的!"琪琪笑着说。

老师看到琪琪一家化解了矛盾，欣慰地点了点头。

律师答疑

1. 有哪些行为侵犯了个人隐私权?

（1）在未得到公民同意的前提下，公开其姓名、肖像等个人信息。

（2）非法进入他人住宅。

（3）非法跟踪他人，偷窥他人私生活。

（4）非法打探他人的收入情况。

（5）私拆他人信件，偷看他人日记，公开他人私人文件的内容。

（6）公开他人社会关系。

（7）影响他人私密生活或将其公开。

2. 隐私权包括哪些基本权利?

（1）隐私隐瞒权：权利主体有权隐瞒自己的隐私，不被他人知道。

（2）隐私利用权：权利主体可有效利用自己的隐私，从而满足物质和精神方面的需求。

（3）隐私支配权：权利主体有权从自己的意愿出发，决定自己隐私的公开范围和程度。

（4）隐私维护权：权利主体有权保护自己的隐私不受他人侵犯，如果受到非法侵犯，可寻求保护。

3. 隐私权和隐私包括哪些方面？

（1）私人生活不受打扰。从广义上来说，私人生活不受打扰包括私密空间、私密活动和私密信息在内。狭义上的私人生活不受打扰是指自然人个人的生活拒绝受他人的非法侵扰。

（2）不愿意公开的私密空间、私密活动、私密信息。这三者并不是完全独立的，是有重合的部分存在的。比如私密空间通常用于进行私密活动，或者用于保存个人私密信息。

⚖️ 法律贴士 ▷

未成年人要怎样保护自己的隐私权？

1. 保护个人信息。未成年人不要将自己的个人信息随便告诉给陌生人或在不知名的网站进行公布。在运用社交平台交际时，要注重保护隐私。在下载程序时，要认真阅读相关条款，了解个人信息的保护方式。

2. 尽可能不要在社交平台发布个人信息，像家庭居住地、手机号码等，以免给自己带来安全隐患。

3. 不要在社交平台随意添加陌生人，以防不法分子运用未成年人的个人信息进行诈骗。

4. 保护好自己的账号和密码，不要随意告诉他人。一旦发现账号被盗，要及时联系相关人员进行处理。

　　小朋友，你还知道哪些保护隐私的方法？快开动脑筋想一想吧！

_____

_____

日记本

乐乐发现日记本的位置变了……

如果父母离婚，我该跟谁生活？

案例再现

　　自从爸妈离婚后，小雪就和爷爷奶奶一起生活。她一年到头都见不到妈妈，爸爸因为工作繁忙，也很少回来看她。她最大的心愿就是和妈妈一起生活。在一次和爸爸吵架后，小雪独自一人来到妈妈家。之后，小雪的爸爸妈妈见面，讨论小雪究竟该和谁一起生活。经过心理咨询师和法院的评定和调解，小雪如愿以偿和妈妈生活在一起。

法理分析

　　当未成年子女的父母因为感情破裂，结束婚姻，那么是不是就代表未成年子女从此会缺失父母的爱呢？答案当然是否定的。即便父母的婚姻画上了句号，但他们和未成年子女之间的亲情是割舍不断的。父母对未成年子女应该承担的义务，法律上有明确规定，这是一种法定的亲权关系。在未成年子女的成长道路上，父母的角色是他人无法取代的。父母的婚姻状态并不是决定孩子幸福与否的关键，孩子是不是在幸福的环境中长大，取决于父母对孩子的爱。为人父母，要坚持对未成年子女尽到应有的责任和义务，尽可能降低由于父母分开给未成年子女造成的负面影响，

给他们营造一个健康、温馨的成长环境，给他们一个幸福的童年。

民法链接

《中华人民共和国民法典》第一千零八十四条规定：父母与子女间的关系，不因父母离婚而消除。离婚后，子女无论由父或者母直接抚养，仍是父母双方的子女。离婚后，父母对于子女仍有抚养、教育、保护的权利和义务。

离婚后，不满两周岁的子女，以由母亲直接抚养为原则。已满两周岁的子女，父母双方对抚养问题协议不成的，由人民法院根据双方的具体情况，按照最有利于未成年子女的原则判决。子女已满八周岁的，应当尊重其真实意愿。

小天的父母离婚了，他和奶奶一起生活。某天，小天妈妈到小天奶奶家看望小天，却遭到小天奶奶的拒绝。小天妈妈感到很伤心，便与小天爸爸联系，想要将小天接到自己身边，可是小天爸爸也离不开小天，便拒绝了小天妈妈的提议。

对于小天的抚养权问题，小天的父母各执一词，互不相让，最后只能向法院寻求帮助。

在开庭前，法官找到小天，问小天想让谁抚养他。小天思考了很久，仍然不知道该怎么回答。

"小朋友，你的爸爸妈妈都是非常爱你的，他们都想陪你长大。"法官说，"他们虽然不在一起生活，但是都在为了给你更好的生活而努力。"

小天说："可我还是不知道应该怎么选。"

"你已经11岁了，心里怎么想，在法庭上就怎么说。

加油，小男子汉！"法官鼓励道。

小天坚定地点了点头。

在法庭上，爸爸和妈妈都想让小天到自己身边生活，各自阐述理由。

爸爸说："我现在的工作很有前途，工资也高，我能给小天更好的生活。"

妈妈说："我现在在做生意，不缺钱花，而且有更多的时间陪伴孩子。"

法官看着他们说："两位家长还是要听取孩子的意见。"

听到这话，小天站了起来，说道："我想和妈妈一起生活。"

小天说完后，妈妈非常高兴，但爸爸有些难过。

爸爸看着小天说："为什么呢？是爸爸哪里做得不好吗？"

"爸爸，你对我很好，妈妈对我也很好。可是爸爸你太忙了，忙到我有时好多天都见不到你。"小天看着爸爸认真地说道，"我选了妈妈，妈妈可以在家陪我，外公外婆也可以陪着我，我喜欢家里热热闹闹的。"

爸爸听了小天的话，最终默默地点了点头，不再说话。

"作为父母，最重要的不是赚了多少钱，而是用心呵护和陪伴孩子。"法官说，"小天已经 11 岁了，法律规定，子女已满 8 岁的，要尊重子女意见。我认为，小天可以自主决定要和谁在一起生活。"

庭审结束后，小天如愿跟妈妈一起生活，爸爸则定期支付抚养费。

 律师答疑

1. 抚养权的概念是什么?

抚养权是指父母对子女的一项人身权利,是基于父母子女关系而产生的。对于未成年子女,父母应尽到抚养、教育和保护的义务,并提供相应的物质条件等。

2. 父母离婚,孩子由谁抚养?

父母离婚,哪一方拥有抚养权,通常要秉承最有利于子女健康成长的原则。通常情况下,两周岁以下的子女,当然由哺乳的母亲抚养。对于两周岁以上的子女,则从子女的利益出发,再综合双方的具体情况,由人民法院作出判决。

特殊情况如下:

（1）两周岁以下的婴幼儿，原则上由母亲抚养，如果母亲有下列情况，也可以判给父亲：①母亲患有传染病或其他严重疾病；②母亲没有尽到抚养义务；③其他原因导致子女和母亲生活不太适合的，像母亲经济能力太差、生活环境不利于子女成长等。

（2）对于已满两周岁的未成年子女，可优先考虑由一方抚养的情况：①已做绝育手术；②子女长期跟随其中一方生活，改变环境不利于子女健康成长的；③一方没有其他子女，而另一方有其他子女的；④子女跟随其中一方生活，是有利于子女健康成长的，而另一方患病或有其他不适合子女身心健康的情况，不太建议和子女一起生活。

（3）如果子女一直跟随祖父母或外祖父母生活，可作为父或母获得抚养权的优先考虑因素。

法律贴士

什么是遗弃?

作为未成年人的法定监护人，父母有责任抚养被监护人。假如监护人没有尽到这方面的义务，比如不允许未成年人待在自己的房子里，不给未成年人提供必备的衣物和食物，未成年人生病了不带去医院治疗，将未成年人丢在陌生的地

方等，这就是遗弃。遗弃不仅会遭到道德方面的谴责，也是一种违法行为。如果情节特别恶劣，会构成犯罪，将受到法律的严肃惩处。如果未成年人遭到遗弃，可以求助居委会或者村委会，也可以直接向公安机关报案。

小朋友，你还知道哪些关于抚养权的知识？快开动脑筋想一想吧！

义 务

乐乐垂头丧气地回到家……

迟迟不愿支付抚养费，
谁来维护我的权益？

 案例再现

　　乔乔的父母在她5岁的时候，因感情不和协议离婚。乔乔由妈妈抚养，爸爸则需定期支付抚养费。但是，爸爸总是找各种理由，拒绝支付抚养费。乔乔14岁时，妈妈因工作变故，收入大幅减少，无力独自承担抚养乔乔的花销。在多次向爸爸索要抚养费未果的情况下，妈妈以乔乔的名义，将爸爸告上法庭。承办法官从情理和法理的角度对乔乔爸爸进行疏导，告诉他作为家长一定要负起责任，多关注孩子的心理需求和情感需求。在法官的悉心劝解下，乔乔爸爸意识到自己的自私和不负责任给孩子造成极大的伤害，随即补齐了拖欠的抚养费，并承诺未来会按月支付抚养费，直到乔乔成年。

　　法理分析

　　父母双方都有责任和义务抚养子女，即便婚姻关系终结，这种义务也是存在的，不会有丝毫的改变。父母双方要共同承

担子女的抚养费，如果有一方拒绝支付抚养费，不仅会让另一方肩上的担子加重，而且对于子女的健康成长会产生不利影响。父母双方要尽可能营造和谐美好的家庭氛围，即便婚姻破裂，也要尽职尽责地抚养未成年子女，给

予子女足够的关爱。父母是孩子的第一任老师，无论今后是否会共同生活，都要尽可能给未成年子女营造一个温馨的成长环境。父母要真正担负起责任，婚姻关系破裂后，不能将抚养费和探视权当作博弈的筹码，一切要以未成年子女的健康成长为先。父母要一起呵护未成年人健康成长。

 民法链接

　　《中华人民共和国民法典》第一千零六十七条规定：父母不履行抚养义务的，未成年子女或者不能独立生活的成年子女，有要求父母给付抚养费的权利。

　　《中华人民共和国民法典》第一千零八十五条规定：离婚后，子女由一方直接抚养的，另一方应当负担部分或者全部抚养费。负担费用的多少和期限的长短，由双方协议；协议不成的，由人民法院判决。前款规定的协议或者判决，不妨碍子女在必要时向父母任何一方提出超过协议或者判决原定数额的合理要求。

举一反三

　　在玲玲很小的时候，爸爸妈妈就协议离婚了。协议规定，玲玲跟妈妈一起生活，而爸爸则需每月支付抚养费。然而，自从离婚后，爸爸并未按要求支付抚养费。妈妈也并未向爸爸索要抚养费，而是一个人全心全意抚养玲玲。

　　九年后，玲玲已经是一个初中生了，妈妈的工资无法负担玲玲各种补习班的费用，无奈之下只能再次与爸爸联系。可是爸爸总是百般推诿，不愿意给钱。

　　这天下午，妈妈再一次给玲玲爸爸打电话，索要抚养费，依旧遭到拒绝。

　　放学回家的玲玲看到这一幕，自责不已。她默默想了许久，走到妈妈面前说："妈妈，爸爸还是不给钱吗？你一个人太辛苦了，我不读书了，我跟你一起挣钱养家。"

　　妈妈看着玲玲，认真地说："没关系的，玲玲，你要好好

读书，家里的事交给妈妈，妈妈一定要让你爸爸负起责任。"

之后，妈妈与朋友反复商量探讨此事。最后，妈妈在征得玲玲的同意后，以玲玲的名义将爸爸告上了法庭。

承办法官在了解事情原委后，给父母双方送达了家庭教育责任告知书。然而很长一段时间之后，玲玲爸爸仍然没有任何实际行动。于是法官找到玲玲爸爸，从情理和法理的角度对他进行疏导。

法官说："抚养子女是父母双方的法定义务，并不是你们离婚了就不用负责了。抚养费本就应由双方共同承担，更何况你们离婚时签订了协议，约定你需要支付抚养费直到孩子成年。"

玲玲爸爸说："可是……玲玲跟着她妈妈生活，我也没参与啊。"

"家庭是人生的第一个课堂，家长是孩子的第一任老师。为人父母，无论是否共同生活，都应为孩子营造一个健康的成长环境。"法官晓之以理，动之以情，"况且，你们虽不在一起生活，但是你的行为仍然会影响到孩子，你也不想自己的孩子成为一个言而无信的人，对吗？"

玲玲爸爸听了法官这番话，沉默良久，自责不已。

不久之后，妈妈收到一个好消息：玲玲爸爸一次性支付了之前拖欠的抚养费，并且承诺以后按月支付抚养费，直到玲玲成年。

律师答疑

1. 父母离婚后，抚养费如何确定？

　　人民法院在确定抚养费数额时，会参考以下标准：如果对方有固定工作和收入，则应将工资的20%~30%作为抚养费；如果收入不固定，则以当地同行业的平均收入水平为标准。如果被抚养的子女为两个或两个以上的，则要相应提高抚养费，但也不应超过本人月总收入的一半。

　　具体支付多少抚养费，会综合父母离婚时子女实际所需费用以及给付者的经济状况来确定。不过，在满足一定条件的情况下，抚养费数额是可以变更的。如果抚养子女的一方有经济能力，且愿意独自承担抚养费，或者给付的一方的确无法继续支付抚养费，可以适当减少其抚养费数额。

2. 抚养费的承担方式是什么？

离婚后，一方抚养子女，另一方要给付抚养费，具体数额和期限由双方商议决定；如果无法达成共识，则交由人民法院判决。法院在判决时，通常会从子女的实际需求、父母的经济状况以及当地的实际生活水平这三个方面出发，确定具体的抚养费数额。抚养费给付期限一般是到子女满十八岁。给付方式一般是定期给付；如果经济条件较好，也可以一次性给付。

3. 如果一方拒不支付抚养费，该如何处理？

如果一方由于经济困顿或者失踪等原因，无法支付抚养费，可用财物抵扣。

如果一方拒不履行人民法院的判决或裁定，另一方可以向人民法院申请强制执行。

如果一方拒不执行离婚协议中约定的数额，另一方可向人民法院提起民事诉讼。

法律贴士

抚养费的支付方式有哪些？

1. 一次性给付所有抚养费。

2. 定期给付和用财物抵扣。定期给付往往以月、季或年为单位，用财物抵扣则适用于给付方失踪或经济陷入困境等情况。

如果双方对于孩子的抚养费问题无法达成共识，可请求人民法院予以判决。法院会综合多方面因素进行考量，其中双方的经济状况是重要的参考依据。一般情况下，法院会要求有固定收入的支付方支付其月固定收入的20%~30%。

与此同时，当实际情况发生变化时，可以适当变更抚养费。

如果随着时间的推移，原定抚养费无法满足实际生活所需，或者因为子女上学、患病，实际需求比原定数额要高，子女可要求增加抚养费。如果给付的一方经济遇到困难，无力按照原定数额继续支付抚养费，可以向法院提出减少支付的请求。

小朋友，你还知道哪些关于抚养费的知识？快开动脑筋想一想吧！

追回抚养费

乐乐一回家就跑到妈妈跟前……

来自长辈的赠与，是否受法律保护？

　　小磊和爷爷的关系十分亲密。爷爷生病，都是小磊跟爸爸忙前忙后照顾。爷爷十分感动，打算将自己唯一的一套房子赠与小磊。叔叔和姑姑得知消息后，急匆匆赶到医院。他们不同意爷爷的做法，和爷爷争吵了一番。他们认为这套房子不应该赠与小磊，而应该由几个子女平分。不过，爷爷心意已决，大家闹得不欢而散。

法理分析

　　直系亲属之间转移房屋所有权，通常有以下两种方式：一是按照正常交易方式转移房屋所有权；二是赠与

（分有条件和无条件两种）。按照正常交易方式转移房屋所有权，那么所有权一经转移，买卖合同生效以后，卖出的一方是无权要求对方退还房子的。而以赠与的方式转移房屋所有权，如果赠与是有前提条件的，受赠人若违反了相关条款，那么赠与人有权收回房屋所有权，撤销赠与；如果赠与没有附加条件，且受赠人并没有出现让赠与人合法权益受损的法定撤销情况，当赠与财产所有权已经发生转移，赠与人是不能撤销原赠与的。

 民法链接

《中华人民共和国民法典》第六百五十七条规定：赠与合同是赠与人将自己的财产无偿给予受赠人，受赠人表示接受赠与的合同。

《中华人民共和国民法典》第六百五十八条规定：赠与人在赠与财产的权利转移之前可以撤销赠与。经过公证的赠与合同或者依法不得撤销的具有救灾、扶贫、助残等公益、道德义务性质的赠与合同，不适用前款规定。

《中华人民共和国民法典》第六百五十九条规定：赠与的财产依法需要办理登记或者其他手续的，应当办理有关手续。

举一反三

朵朵是一个非常孝顺的孩子。爷爷独自居住，她担心爷爷一个人孤单，每天下班后，只要有时间就会到爷爷家，陪爷爷吃饭聊天。直到爷爷准备休息，她才会回家。为了更加方便地照顾爷爷，她还在爷爷住的老小区买了一套房子。

几年后的一天，爷爷突然患病住院。住院期间，朵朵的小姑和叔叔前来探望。

趁朵朵不在，叔叔对爷爷说："爸，您的房子应该给我儿子，他可是您唯一的孙子啊！"

小姑着急地说："爸，您得一碗水端平，大哥不在了，这房子就该我和二哥一人一半，可不能只给二哥。"

爷爷生气地说："你们平时不来看我，你们的孩子也不来，只有朵朵天天陪着我。我病了，她白天忙工作，专门请了护工照顾我，晚上则寸步不离地守着我。你们什么都不做，还想要房子？这房子我要给朵朵！"

叔叔和小姑被爷爷数落了一顿，灰溜溜地走了。

晚上，爷爷拨通了老战友的电话，跟他说了这件事。战友说："我儿子是律师，以前听他说过类似的事，好像签一个合同就可以直接把房子合法赠与朵朵。我明天让他去找你。"

第二天，老战友的儿子来到爷爷住的医院。

他听了爷爷的想法后，说道："叔叔，您的想法是合理的，如果已经决定好了，一定要签赠与合同并进行公证，这样会免除一些麻烦。"

晚上，朵朵下班后来到医院，在爷爷的劝说和律师的指导下，与爷爷签订了赠与合同，并做了现场公证。

过了一段时间，小姑与叔叔听说了此事，联合起来将朵朵告上法庭。

法庭第一时间派人进行调解，并向两人说明爷爷和朵朵签订了赠与合同，所以房子给朵朵是合法行为。

小姑说："我从来没听说过这样的事，房子还能赠送？"

调解员说："赠与合同是赠与人意见的直接体现。老人将房子赠与孙女，一定是有原因的。"

叔叔气呼呼地说："能有什么原因，还不是朵朵天天来我父亲这里表现。"

爷爷吼道："你们想想，这么多年了，你们除了过年，什么时候来看过我一眼？是朵朵天天来照顾我，你们还想和朵朵争？"

叔叔和小姑听了，羞愧地低下了头，不再纠缠。

律师答疑

1. 在订立赠与合同时，有哪些注意事项？

（1）赠与合同要写清楚内容，主要包括赠与人与受赠人的个人信息、赠与财物详情、赠与时间与方式、赠与附加条件及违约责任等。

（2）站在赠与人的角度来说，如果在给付财产或转移权利之前，也许会撤销赠与行为，可以先放弃公证，因为公证后撤销的难度就变大了。如果站在受赠人的角度来考虑，则要反其道而行之，积极进行公证，以免赠与人撤销赠与。

（3）假如赠与人要求受赠人满足特定要求才赠与财产，那么需将这些要求明确设定为赠与条件。假如受赠人无法满足赠与人提出的要求，赠与人可以拒绝赠与。

（4）如果赠与的财产需要履行相关登记手续，应该在合同中约定好相关内容。

（5）在赠与合同中，赠与人要将财产存在的瑕疵写清楚，否则给受赠人带来的损失要由赠与人承担。

2. 赠与合同如何变更？

这里的变更赠与合同，指变更合同内容。合同变更要以有效的合同为对象，其前提条件是双方达成一致。鉴于赠与合同签订的特殊性，有些合同在变更时，还需通过相关部门的审批或办理登记手续。

3. 孩子接受赠与，父母应该注意什么？

（1）如果受赠人是八周岁以上的未成年人，在接受纯获益的赠与合同时，该合同即刻生效。

（2）当赠与财产交付给未成年人后，该财产的所有者是未成年人，其法定代理人只负责监管。需要明确的是，如果赠与行为是违法的，那么这种赠与是不会产生法律效力的。

（3）父母在代孩子接受赠与时，要弄清楚这一赠与行为是不是纯获益的赠与，还要注意赠与行为是否合乎法律规定。

 法律贴士

赠与人要履行的义务有哪些？

1. 转移赠与标的物的义务。赠与人要以合同的约定为依据，将标的物转移给受赠人。如果赠与的财产需要办理

相关手续，则应将有关手续办好。

2. 瑕疵担保义务。在赠与合同中，赠与人通常不需要承担瑕疵担保义务，但有两种情况除外：

（1）在有附加条件的赠与中，赠与的财产存在瑕疵，在附加条件的范围内，赠与人所承担的违约责任和出卖人是一样的；

（2）如果赠与人有意不将赠与财产的瑕疵告知受赠人，或者保证赠与的财产不存在瑕疵，因此导致受赠人权益受损的，赠与人要承担损害赔偿责任。

　　小朋友，你对赠与有什么想法吗？快开动脑筋想一想吧！

_____

_____

爷爷的小院子

周末，爸爸妈妈带乐乐去爷爷奶奶家玩……

哇，爷爷在院子里种了好多花，好漂亮！

乐乐喜欢吗？

喜欢！

喜欢就好，这个院子里的东西以后都是你的。

这些不都是爷爷奶奶的吗？

等以后爷爷奶奶不在了，这些东西就都是你的呀。

那我不喜欢这些东西了，比起这个院子，我更想和爷爷奶奶在一起。

哈哈，真是个好孩子！

在超市被强行搜身，谁来维护我的权益？

案例再现

小乐在放学回家的路上走进一家超市，挑选了许多自己爱吃的零食，准备趁着周末大快朵颐。不料小乐结完账拿着零食出门时，超市门口的自动警报突然响了起来。超市的保安听到警报声，迅速赶到超市门口。看到手足无措的小乐，保安态度强硬地要求他将偷拿的东西交出来。小乐解释说自己已经付过账了，并未偷拿任何东西。保安却不依不饶，要求对小乐进行搜身。小乐拒绝了保安的无理要求，二人僵持不下。

法理分析

身体自由权，又称行动自由权，具体是指自然人有权从自己的意愿出发，在法律允许的范围内作为或不作为，不受

非法限制、剥夺或妨碍。身体自由权体现为自然人有权自主支配自己外在的身体行为。我国宪法明确规定，公民的人身自由不受侵犯，禁止非法搜查公民的身体。《中华人民共和国民法典》也有类似规定。假如超市工作人员怀疑顾客有偷盗行为，可以打电话给公安机关，由他们来处理；也可以请顾客自证清白，在顾客自愿的情况下，请其自行打开包接受检查。超市没有权利强行搜查顾客的身体。只有相关国家执法机关经过法定程序审批后，才可以对相关人员进行搜身。超市保安并不是执法人员，不具备相应的权利，遇到此类情况只能报警，请警察来处理。同时顾客若遭遇超市的不当对待，可以保存好相关证据，通过法律途径维护自己的合法权益。

 **民法链接**

《中华人民共和国宪法》第三十七条规定：中华人民共和国公民的人身自由不受侵犯。任何公民，非经人民检察院批准或者决定或者人民法院决定，并由公安机关执行，不受逮捕。禁止非法拘禁和以其他方法非法剥夺或者限制公民的人身自由，禁止非法搜查公民的身体。

《中华人民共和国民法典》第一千零一十一条规定：以非法拘禁等方式剥夺、限制他人的行动自由，或者非法搜查他人身体的，受害人有权依法请求行为人承担民事责任。

举一反三

　　星期五放学后，妈妈带着宁宁一起去超市购物。妈妈对宁宁说："宁宁，妈妈去买菜，你自己去买文具吧，咱们一会儿在收款台集合，一起付款。"

　　"好呀！"宁宁笑着点了点头，蹦蹦跳跳地朝着文具柜台跑去。半个小时后，宁宁找到正在付款台等待的妈妈，两人一起结完账，有说有笑地准备离开。

　　就在这时，超市门口的报警器突然响了起来，宁宁和妈妈被吓了一跳。

　　宁宁不解地看向妈妈："妈妈，是不是有什么东西忘记结账了呀？报警器怎么会响呢？"

　　妈妈摇摇头，看向宁宁说道："结账的时候都确认过了，并没有落下东西呀。"

　　正在母女二人疑惑不解的时候，收款台的收银员朝着她们大喊道："你们别走！是不是有东西没结账？"

收银员一边喊住宁宁和妈妈，一边通知了在超市里巡逻的保安。保安听到消息后，立刻来到母女二人身边。

保安把母女二人带到保安室，一脸严肃地说："你们说没有偷拿东西，怎么证明？"

宁宁妈妈迅速将购物袋里的东西全部拿出来，并把购物小票一起放在桌子上，让保安查看，同时又让宁宁把书包打开给保安看。

保安仔细地检查了购物袋和书包，又拿起票据逐一核对商品，结果并没有发现多出任何东西。

保安将东西还给母女二人，紧接着说道："说不定你们把偷拿的东西藏在了身上，我要对你们进行搜身。"

宁宁妈妈生气地说："你并没有搜身的权利。既然你说我们偷拿东西，那就报警吧！"

五分钟后，警察来到现场。在了解了事情的前因后果后，警察严肃地对保安说道："强行搜身是违法行为。法律规定，只有国家执法机关依照法定程序，才能采取搜查措施。你作为超市保安，并没有权利这么做。"

保安不服气地说道："不搜怎么证明她们没拿？"

警察说："如果怀疑顾客偷窃，可以打电话报警，让警察来处理。"

通过一番细致的调查，警察确认宁宁母女并没有偷窃，而是超市门口的安检机出现了故障。保安和超市经理向宁宁母女真诚地道了歉，母女二人也未再追究他们的责任。

律师答疑

1. 搜身侵犯的是公民的什么权利？

搜身侵犯了公民的人身自由权和人格尊严权。根据我国《刑事诉讼法》《治安管理处罚法》等相关规定，公安机关对与违反治安管理行为有关的场所、人身等可以进行检查；公安机关、人民检察院在办理刑事案件时，可以进行搜查；公民非经法定程序并由公安机关执行，不受逮捕。此外，人民法院、国家安全机关、军队保卫部门、监狱等在特定情况下也拥有搜查权。除此之外，任何人都不允许非法搜查公民的身体，不允许非法拘禁或通过其他方式非法剥夺或限制公民的人身自由。

2. 非法搜查的概念是什么？

非法搜查，是指非法搜查他人身体或住宅的行为。根据我国相关法律规定，只有人民检察院、公安机关、国家安全机关、军队保卫部门、监狱等在依法执行侦查任务时，才有搜查权，且这些机关必须严格依照法定程序开展搜查工作。

3. 非法搜查包括哪几种情况？

非法搜查主要有如下两种情况：一是没有搜查权的单位或个人对他人的身体或住宅进行搜查；二是有搜查权的

人员没有遵照相关程序，或未经授权，非法进行搜查。

4. 侵权责任有哪些承担方式？

如果侵权人是商场或超市，大多采取赔礼道歉和赔偿精神损害抚慰金的方式承担责任。

当侵权人对被侵权人的名誉和精神造成损害时，需向被侵权人赔礼道歉。在商场、超市这类场所发生侵权行为，此种承担责任的方式尤为常见。侵权人进行赔礼道歉时，应与侵权行为造成的影响范围相当，同时要从保护受害人的角度出发，注意赔礼道歉的方式方法，以免弄巧成拙，再次伤害受害者。在具体实践中，侵权人可采取书面道歉的方式，或者到受害人家中道歉，或者在事发地点向受害人道歉。

人民法院在确定侵权人要承担的精神损害抚慰金的数额时，需要考虑侵权人的过错程度、后果严重程度、传播范围等多个方面的因素，数额过高或过低都不合适。

 法律贴士

被要求搜身怎么办？

在现实生活中，"搜身"事件屡屡发生，这种行为不仅严重侵犯了当事人的人身自由，还对其心理健康造成严重损害。当我们遇到类似情况时，首先要保持冷静，坚定立场，告诉对方其行为已经触犯法律，要求对方立刻停止这种行为。必要时可以走法律途径，或者向相关部门提出申诉，维护自己的合法权益。我们要学会自我保护，捍卫自

己的人格尊严，确保自身的正当权益不受侵害。同时，我们要在法律法规的框架内行动，不可冲动行事，以免给自己带来麻烦。

　　小朋友，你遇到过被强行搜身的情况吗？你是怎么处理的？快开动脑筋想一想吧！

_____

_____

逛超市

乐乐从超市出来，被门口的保安拦住……

保护自己的合法权利

未成年人的合法权利受法律保护，一旦遭到侵害，未成年人本人或者其监护人应该拿起法律武器，保护未成年人的合法权利。具体有哪些法律手段呢？

1. 提请有关部门处理。假如校方在无正当理由的情况下开除未成年人的学籍，未成年人可以向相关教育部门提出申诉；如果有单位雇佣未成年人，未成年人可以向劳动部门申请处理；等等。

2. 向公安机关报案。假如有人伤害未成年人，像暴力攻击、强奸等，应该马上上报公安机关，追究犯罪分子的刑事责任。如果情况紧急，可以拨打报警电话。

3. 向人民检察院提起控告。假如有国家机关工作人员利用职权，对未成年人实施非法拘禁、刑讯逼供、非法搜查等行为，可依据《中华人民共和国刑事诉讼法》的规定，向人民检察院提起控告。

4. 向人民法院提起刑事诉讼。《中华人民共和国刑事诉讼法》规定，如果有其他家庭成员残忍对待未成年人，未成年人可以直接向人民法院提起刑事诉讼，法院会遵照刑事自诉案件的审判程序审理此类案件，并进行裁判。

5. 向人民法院提起民事诉讼。《中华人民共和国民事诉讼法》规定，当未成年人和他人发生民事纠纷，比如失去继承权、因他人侵权受伤需申请人身损害赔偿、父母离婚后自己无依无靠等，可以依法向人民法院提起民事诉讼，请侵权者承担相应的民事责任。

6. 向人民法院提起行政诉讼。《中华人民共和国行政诉讼法》规定，如果行政机关作出的行政行为不能让未成年人信服，出现行政争议，未成年人可以向人民法院提起行政诉讼，确保自己的合法权益不受侵害。比如，某儿童被人贩子拐走，该儿童或其监护人向公安机关报案，请求救援和保护时，公安机关不作为，或者拒不出警，就可以向人民法院提起行政诉讼，控告公安机关。